À tous les membres de la

L'apprentissage de la lecture est l'une des réalisat
importantes de la petite enfance. La collection *Je*
pour aider les enfants à devenir des lecteurs experts qu
Les jeunes lecteurs apprennent à lire en se souvenant de mots utilisés
fréquemment comme «le», «est» et «et», en utilisant les techniques
phoniques pour décoder de nouveaux mots et en interprétant les indices
des illustrations et du texte. Ces livres offrent des histoires que les
enfants aiment et la structure dont ils ont besoin pour lire couramment
et sans aide. Voici des suggestions pour aider votre enfant avant,
pendant et après la lecture.

Avant

Examinez la couverture et les illustrations et demandez à votre enfant
de prédire de quoi on parle dans le livre.

Lisez l'histoire à votre enfant.

Encouragez votre enfant à dire avec vous les mots et les formulations
qui lui sont familières.

Lisez une ligne et demandez à votre enfant de la relire après vous.

Pendant

Demandez à votre enfant de penser à un mot qu'il ne reconnaît pas
tout de suite. Donnez-lui des indices comme : «On va voir si on
connaît les sons» et «Est-ce qu'on a déjà lu un mot comme celui-là?»

Encouragez l'enfant à utiliser ses compétences phoniques pour
prononcer d'autres mots.

Lorsque l'enfant a besoin d'aide, lisez-lui le mot qui pose problème,
pour qu'il n'ait pas trop de mal à lire et que l'expérience de la lecture
avec les parents soit positive.

Encouragez votre enfant à lire avec expression... comme un
comédien!

Après

Proposez à votre enfant de dresser une liste de mots qui l'intéressent
et qu'ils préfèrent.

Encouragez votre enfant à relire ses livres. Il peut les lire à ses frères
et sœurs, à ses grands-parents et même à ses toutous. Les lectures
répétées donnent confiance au jeune lecteur.

Parlez des histoires que vous avez lues. Posez des questions et
répondez à celles de votre enfant. Partagez vos idées au sujet des
personnages et des événements les plus amusants et les plus
intéressants.

J'espère que vous et votre enfant allez aimer ce livre.

Francie Alexander,
spécialiste en lecture
Groupe des publications
éducatives de Scholastic

Pour Mary et Harriet

*Les réviseurs veulent remercier
le D^r du musée de Northern Arizona
pour ses commentaires et ses conseils.*

Données de catalogage avant publication (Canada)

Schlein, Miriam
  Survivants du temps des dinosaures

(Je peux lire!. Niveau 1. Sciences)
Traduction de : What the dinosaurs saw.
ISBN 0-439-00409-8

1. Paléontologie -- Ouvrages pour la jeunesse. I. Duchesne, Lucie.
II. Scwartz, Carol, 1954-   . III. IV. Collection.
QE714.5.S3514 1998 j560 c98-930939-8

Édition publiée par Les éditions Scholastic, 175, Hillmount Road, Markham (Ontario)
Canada, L6C 1Z7.

5 4 3 2 1   Imprimé aux État-Unis   8 9 / 9 0 1 2 3 4 / 0

Survivants du temps des dinosaures

Texte de Miriam Schlein

Illustrations de Carol Schwartz

Texte français de Lucie Duchesne

Je peux lire — Niveau 1

Les éditions Scholastic

Viens avec moi.
Nous allons voir ce que
les dinosaures voyaient,
il y a très longtemps.

Nous voyons une araignée
qui tisse sa toile, comme
les dinosaures pouvaient en voir.

Deux tortues qui se reposent
sur une grande pierre, comme
les dinosaures pouvaient en voir.

Nous voyons trois vers de terre
qui se tortillent, comme
les dinosaures pouvaient en voir.

Quatre petites pommes de pin
qui tombent d'un arbre.
Les dinosaures pouvaient
aussi les voir.

Cinq grenouilles qui croassent.
Les dinosaures entendaient ce
son eux aussi, il y a longtemps.

Six serpents qui ondulent...

sept salamandres qui dorment...

huit mouettes qui planent...

neuf opossums qui rôdent...

Les dinosaures ont vu
toutes ces choses

qui existent encore.
Toi et moi pouvons les voir.

Le soleil qui réchauffait
les dinosaures
te réchauffe encore.

Et la lune qui brille la nuit
luisait aussi pour les dinosaures,
il y a très longtemps.